BEI GRIN MACHT SICH IHI
WISSEN BEZAHLT

- Wir veröffentlichen Ihre Hausarbeit,
  Bachelor- und Masterarbeit

- Ihr eigenes eBook und Buch -
  weltweit in allen wichtigen Shops

- Verdienen Sie an jedem Verkauf

Jetzt bei www.GRIN.com hochladen
und kostenlos publizieren

Kai Liegl

Einführung in das MS-ACCESS-Datenbankmanagement

Stand 2002

GRIN Verlag

Bibliografische Information der Deutschen Nationalbibliothek:

Die Deutsche Bibliothek verzeichnet diese Publikation in der Deutschen National-
bibliografie; detaillierte bibliografische Daten sind im Internet über http://dnb.d-
nb.de/ abrufbar.

Impressum:

Copyright © 2002 GRIN Verlag GmbH
Druck und Bindung: Books on Demand GmbH, Norderstedt Germany
ISBN: 978-3-638-67622-9

Dieses Buch bei GRIN:

http://www.grin.com/de/e-book/6911/einfuehrung-in-das-ms-access-datenbankma-
nagement

GRIN - Your knowledge has value

Der GRIN Verlag publiziert seit 1998 wissenschaftliche Arbeiten von Studenten, Hochschullehrern und anderen Akademikern als eBook und gedrucktes Buch. Die Verlagswebsite www.grin.com ist die ideale Plattform zur Veröffentlichung von Hausarbeiten, Abschlussarbeiten, wissenschaftlichen Aufsätzen, Dissertationen und Fachbüchern.

Besuchen Sie uns im Internet:

http://www.grin.com/

http://www.facebook.com/grincom

http://www.twitter.com/grin_com

EINFÜHRUNG IN DAS DATEN-BANKMANAGEMENTSYSTEM

MS ACCESS

VON KAI LIEGL

Inhaltsverzeichnis

Speicherungsverfahren

Direkte/Serielle/Gestreute Speicherung	Sequentielle Speicherung	Indexsequentielle Speicherung
• Datensätze hintereinander gereiht • Reihenfolge ergibt sich nach der zeitlichen Eingabe • prinzipiell Speicherlücken zwischen den Datensätzen möglich („gestreut") • Datensätze erhalten eine Satzadresse, die das direkte Auffinden ermöglicht	• vor der Speicherung werden die Datensätze mit einem Schlüsselwort (z. B. Name, Kundennummer,...) sortiert und dann abgelegt	• zumeist nach serieller Eingabe von Datensätzen auf Speichermedium mit direktem Zugriff (Diskette, CD, Festplatte) • es wird eine zweite Datei, eine „Index-Datei" (Inhaltsverzeichnis) nach bestimmten Ordnungsmerkmalen (z. B. den Nachnamen oder der Kontonummer,...) angelegt. Diese Index-Datei enthält nur den Ordnungsbegriff und die Satznummer. • Vergleich des zu suchenden mit der Index-Datei ermöglicht das Auffinden der Daten auf dem Datenträger.
Suche nach dem Datensatz (D) 9. *Die Datensätze sind entsprechend ihrer Eingabe „sortiert".* *Folge: Die Suche nach D 9 dauert länger als z. B. bei der sequentiellen Speicherung.*	Suche nach dem Datensatz an der Adresse (A) 5. *Aufsuchen von links nach rechts bis zu A 5.*	Suche nach dem Datensatz (D) 3 in der Index-Datei, anschließend Suche in der entsprechenden Adresse (A 9).

S/I

A ...	A 3	A 4	**A 5**	A 6	A ...

S/I

D ...	D 5	D 2	**D 9**	D 6	D ...

Index-Datei
D 1 .... A 4
D 2 .... A 2
D 3 .... A 9
...

S/I

A ...	**A 9**	A ...

Microsoft® ACCESS – ein Datenbanksystem

Datenbanksystem, Data Base System, [engl.], zentral verwaltetes System zur Speicherung großer Datenmengen eines Informationsgebietes, auf die nach unterscheidlichen Anwendungskriterien zugegriffen werden kann. Datenbanken bestehen aus Dateien und den Anwendungsprogrammen und unterliegen der ständigen Aktualisierung. Anwendung unter anderem als Dokumentationen, im Recht, in Verwaltung, Linguistik, auch als internationale Datenbank-Verbundsysteme.

(Brockhaus 1993)

Aufgaben eines Datenbanksystems

Verwaltung verschiedener Daten, beispielsweise eine Schülerliste, wie die folgende:

Schüler-Nummer	Name	Vorname	Geschlecht
...	...	...	...
10	Mustermann	Franz	m
2	Werner	Hans	m
7	Bond	James	m
...	...	...	...

Beispielsweise ist es nun die Aufgabe eines Datenbankprogramms, die Schüler/innen nach dem **Feld** *Schüler-Nummer* zu sortieren, oder nach dem **Feld** *Name*,...
Anschließend kann es nötig sein, alle Schüler mit dem gleichen Vornamen aufzulisten.

Starten von ACCESS

Unter Windows 3.1:
1. ACCESS im Programm-Manager auswählen und Eingabetaste drücken

Unter Windows 95:
1. ACCESS in der START-Task-Leiste anwählen

2. Nach dem Öffnen von ACCESS „neue Datenbank anlegen" auswählen

Bestandteile einer ACCESS-Datenbank

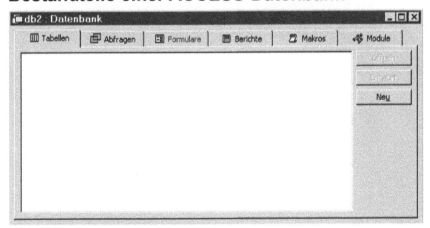

Tabellen: vergleichbar mit EXCEL-Tabellen

Abfragen:

Bearbeitungen, Auswahl bestimmter Teile einer Tabelle,...

Formulare: z. B. Eingabeformulare

Berichte: Gestaltung der Datenpräsentation

Makros: Programme

Module: Eine Auflistung von Visual Basic für Applikationen-Deklarationen und -Prozeduren, die als Einheit gespeichert sind.

Erstellen einer Tabelle

1. Neue Datenbank erstellen,

2. im rechts abgebildeten Datenbankfenster sind im folgenden nun alle Tabellen in der Registrierkarte „Tabellen" zu finden. Alle Abfragen in der Registrierkarte „Abfragen", usw.

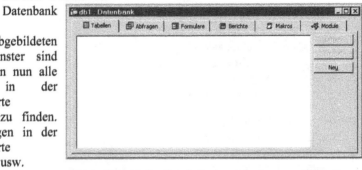

3. Zum Erstellen einer neuen Tabelle auf die Schaltfläche „Neu" am rechten Rand des Datenbankfensters klicken.

4. Es erscheint ein neues Fenster „Neue Tabelle", bei welchem nun verschiedene Ansichten zum Erstellen der neuen Tabelle ausgewählt werden können.

5. Beim Klicken auf die „Entwurfsansicht" erscheint das Entwurfsfenster, wobei nun die Spaltenüberschriften, die Spaltenbreite, die Standardwerte für die jeweiligen

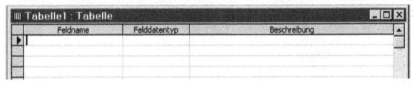

Spalten, die Formate, usw. eingegeben werden können.

6. In der Spalte „Feldname" ist nun der Name des Feldes einzugeben, im „Felddatentyp" wird das Format dieses Feldes festgelegt, also entweder Text, Zahl, Datum/Uhrzeit, Währung,... In der Beschreibung kann noch eine Ergänzung zum Feldnamen eingegeben werden, die später bei der Tabellenansicht in der Statusleiste Beschreibung angezeigt wird.

7. Schließen der erstellten Tabelle und Speicherung derselben mit Strg + F4, anschließend Speicherungsbestätigung bei Aufforderung durch return-Taste.

Erstellen eines Eingabeformulars mit dem Formularassistenten

1. Im Datenbankfenster die Karteikarte Formulare anklicken.
2. Die Schaltfläche „Neu" auswählen,
3. im Fenster „Neues Formular" den Formular-Assistenten auswählen und die gewünschte Tabelle auswählen, anschließend mit „OK" bestätigen
4. Im folgenden sind nun alle gewünschten Felder – ID (Primärschlüssel) –auszuwählen, danach mit „Weiter" bestätigen und im nächsten Fenster die für

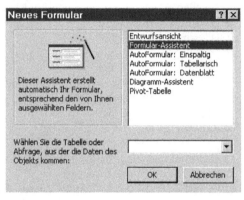

das Layout „in Blöcken" auswählen, „Weiter" drücken und danach z. B. den „Standard" Stil auswählen, „Weiter" drücken und einen Titel für das Formular eingeben, auf „Fertigstellen" klicken und warten, bis das Formular erstellt ist.

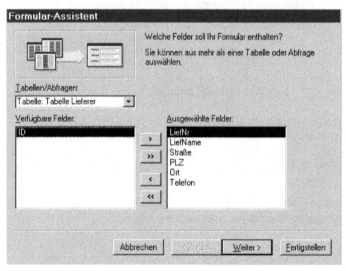

Das Endresultat dieses Formulars könnte z. B. (bezogen auf die Lieferer-Tabelle) wie folgt aussehen und hat den Vorteil, daß die Daten unter Umständen schneller eingegeben werden können. Auch hier gilt wieder, daß man problemlos mit der Tab-Taste oder den Cursor-Tasten die Felder wechseln kann. Jedoch sieht man immer nur einen Datensatz und nicht wie in der Tabelle alle auf einmal.

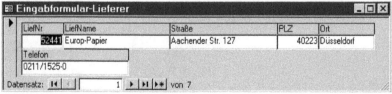

Erstellen einer Auswahlabfrage

1. Im Datenbankfenster die Karteikarte „Abfragen" auswählen.
2. „Neu" anklicken und
3. im neu erscheinenden Fenster auf „Entwurfsansicht" wechseln und anschließend mit „OK" bestätigen
4. Es folgt das Fenster „Tabelle anzeigen" und bei ihm sind in der Karteikarte Tabellen alle Tabellen der Datenbank aufgelistet. Daraus ist nun die entsprechende Tabelle auszuwählen und auf „Hinzufügen" zu klicken. Dies bewirkt, daß sich

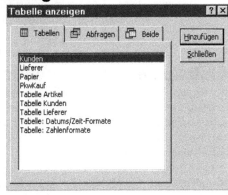

die nun erstellte Abfrage auf diese Tabelle bezieht. Mit „Schließen" beendet man dieses Fenster und wechselt zur Entwurfsansicht der Abfrage.

5. Dieses Fenster zeigt im oberen linken Rand die Felder der ausgewählten Tabelle. Im unteren Teil des Fensters befindet sich eine Auflistung von Feld, Tabelle, Sortierung, Anzeigen, Kriterien, oder.

Feld:	hier wird der Feldname eingegeben, auf den Bezug genommen wird.
Tabelle:	hier steht die Tabelle, in der sich das obige Feld befindet.
Sortierung:	Hier wird festgelegt, wie die auszugebenden Daten sortiert sein sollen. Entweder auf- oder absteigend.
Anzeigen:	Dieses Kontrollkästchen erlaubt die Aus-/Einblenung dieser Daten (Wenn das Kontrollkästchen nicht aktiviert ist, wird dieses Feld nicht angezeigt, ist es aktiviert, was durch ein Kreuz im Kästchen zu erkennen ist, dann wird es später bei Ausführen der Abfrage angezeigt.
Kriterien:	Hier befindet sich der wichtigste Teil einer Abfrage, nämlich das Kriterium, nach welchem gesucht oder geordnet werden soll (z. B.

	Ausgabe aller Datensätze, die mit „B" beginnen.
oder:	Diese Zelle kann ein weiteres Kriterium enthalten. Sie ist vor allem für ODER-Bedingungen hilfreich. (z. B. Alle mit Anfangsbuchstaben „b" und alle mit „c")

Erstellen einer Löschabfrage

Die Eigenschaft einer Löschabfrage ist – schon wie ihr Name ausdrückt – einen oder mehrere Datensätze in einer Tabelle zu löschen. Ohne sie müßte man sich die entsprechenden Datensätze aussuchen und löschen, da jedoch dies langwierig ist – vor allem bei großen Tabellen – bedient man sich der Löschabfrage, welche wie eine Auswahlabfrage erstellt wird.

Nachdem dann die Abfrage als Auswahlabfrage mit der gewünschten Tabelle verknüpft, erstellt ist, genügt nur ein Schritt, um aus einer Auswahlabfrage eine Löschabfrage zu machen. Dieser lautet:

- Es genügt das Drücken auf das Symbol „Abfragetyp" (siehe rechts stehende Abbildung) in der Symbolleiste. Es öffnet sich ein Fenster, bei welchem alle Abfragetypen aufgelistet sind und in welchem die Löschabfrage zu markieren ist.
- Nach diesem Schritt hat sich nun die Auswahl- in eine Löschabfrage umgewandelt, was man an den links unten stehenden Feld, Tabelle,... –Eigenschaften erkennen kann. Diese haben sich nun folgendermaßen verändert.

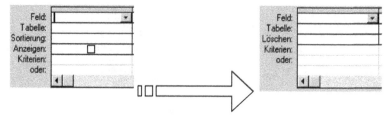

Auffallend ist beim Vergleich, daß die Rubriken „Sortierung" und „Anzeigen" sich in eine neue Rubrik „Löschen" verwandelt haben.

...* ...	
Löschen:	Hier kann entweder „Bedingung" stehen oder „Von". Bei „Bedingung" wird der zu löschende Feldinhalt so wie bei den Kriterien vereinbart gelöscht, bei „Von" werden alle Feldinhalte ab dem in den Kriterien vereinbarten gelöscht.
... ...	

---

* alle hier nicht aufgeführten Rubriken entsprechen denen der Auswahlabfragen

Arbeiten mit ACCESS

Ausgangsbeispiel

Die Firma Papier & Pappe GmbH, ein Papiergroßhandel in Augsburg, bezieht seine Produkte von Papierfabriken und verkauft sie an Druckereien oder Großabnehmer. In Anbetracht der vielen Papiersorten und der sich fast täglich ändernden Papierpreise ist das Bestellwesen und die Auftragsbearbeitung mit Rechnungsschreibung mit den bisherigen Mitteln nicht mehr durchführbar. Deshalb wird überlegt, für diesen Aufgabenbereich das Datenbankprogramm ACCESS einzusetzen.

Ein Datenbankprogramm ist darauf ausgelegt, eine Datenbank zu verwalten. Unter einer Datenbank versteht man eine Sammlung von zusammengehörigen Daten. Die Daten werden zu Sätzen zusammengefaßt. So bezeichnet man beispielsweise die Daten, die einen Lieferanten beschreiben, als Lieferantensatz. Er kann beispielsweise aus den Bestanteilen bestehen:

> LiefNr; (für Lieferantennummer)
> LiefName; (für Lieferername)
> Straße;
> PLZ;
> Ort;
> Telefon;

Die Tabelle Lieferer beinhaltet folgende Daten:

LiefNr	LiefName	Straße	PLZ	Ort	Telefon
52441	Europ-Papier	Aachener Str. 127	40223	Düsseldorf	0211/1525-0
47544	Müller & Söhne	Krefelder Str. 19	41748	Viersen	02162/336-0
28447	Sauer & Esser	Danziger Str. 33	48683	Ahaus	02561/77-0
65881	Metz & Co	Kantstr. 3	99425	Weimar	03643/66851
85547	Peter Paulsen	Lutzowstr. 33	09116	Chemnitz	0371/6955-0
48771	Zwinger GmbH	Leipziger Str. 35	01127	Dresden	0351/8574-0
88512	Xaver Seiler	Riedener Str. 157	81377	München	089-7274-0

Übungsaufgaben

mit ACCESS sollen folgende Aufgaben gelöst werden:

1. Erstelle eine Tabelle Lieferer, die folgende Felder enthält:

Feldname:	Beschreibung	Format
LiefNr	Lieferernummer	Zahl
LiefName	Lieferername	Text
Straße	Straße mit Hausnummer	Text
PLZ	Postleitzahl	Zahl
Ort		Text
Telefon		Text

2. Es sollen nun alle Daten des Ausgangsbeispiels in die jeweiligen Felder eingegeben!

3. Es soll ein Eingabeformular erstellt werden, das es dem Benutzer erleichtert, Daten in die Tabelle einzugeben. Hierbei sollen alle Felder zur Eingabe zur Verfügung stehen, mit Ausnahme des ID (Primärschlüssel)-Feldes.

4. Danach ist eine Auswahlabfrage zu erstellen, welche alle Lieferer Nach dem Lieferernamen aufsteigend sortiert. Diese Abfrage soll nur die Felder LiefName, Ort und Telefon beinhalten, welche auch alle ausgegeben werden sollen. Diese Abfrage ist unter dem Namen „Abfrage 1" zu speichern.

5. Es ist desweiteren eine Auswahlabfrage zu erstellen, welche es dem Benutzer ermöglicht, einen beliebigen Buchstaben einzugeben und anschließend alle Lieferer angezeigt bekommt, wessen Lieferername mit diesem beginnt.

6. Eine Löschabfrage ist zu erstellen, die alle Lieferer löst, deren Postleitzahl mit 4 beginnt.

1. Erstellen der Tabelle Lieferer

1. ACCESS starten
2. Symbol „neue Datenbank" auswählen, dann Laufwerk und Datenbankname bestimmen
3. Nachdem das Datenbankfenster erscheint: neue Tabelle anwählen, *(es erscheint das rechts nebenstehende Fenster)*

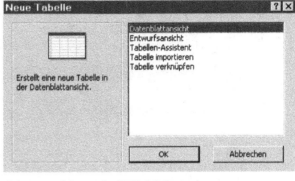

4. Entwurf bzw. Entwurfsansicht auswählen und „OK" drücken.

5. sobald das Tabellen-Fenster erscheint, stehen drei Spalten zur Eingabe von späteren Feldnamen und ihren Eigenschaften zur Verfügung. Sie lauten:...

Feldname: Hier kann der Name der Felder eingegeben werden. Folgende Zeichen sich jedoch auch eingeschlossen von Text nicht zulässig: . = !

LiefNr	LiefName	Straße	PLZ	Ort	Telefon

Hier müssen nun die Feldnamen der Lieferertabelle eingetragen werden:

Felddatentyp: Hier kann das Format der jeweiligen Felder eingegeben werden (Datum, Text, Zahl, Währung,...)

LiefNr	LiefName	Straße	PLZ	Ort	Telefon
Zahl	Text	Text	Zahl	Text	Text

Beschreibung: Hier kann eine Beschreibung zum jeweiligen Feld eingegeben werden, die dann in der Statusleiste erscheint.

LiefNr	LiefName	Straße	PLZ	Ort	Telefon
Lieferernummer	Lieferername	Straße und Haus-	Postleit-		

Nachdem diese Arbeitsschritte beendet sind, wird diese Ansicht durch das Drücken von Strg + F4 beendet, danach wird das Speichern der Tabelle bestätigt und der Tabellenname „Lieferer" eingegeben, gefolgt von return und dem Bestätigen des automatischen Setzens eines Primärschlüssels.

2. Eingabe der Daten in die Tabelle Lieferer

Nachdem die Tabelle Lieferer erstellt ist und man sich wieder im Datenbankfenster befindet, kann man durch markieren der Tabelle Lieferer in der Karteikarte Tabellen und anschließendes return diese Tabelle öffnen.
Nachdem man sie geöffnet hat, erscheint sie folgendermaßen:

Die zuvor eingegebenen Feldnamen befinden sich nun an der Stelle der Spaltennamen und nun können die Daten, die sich später in der Tabelle Lieferer befinden sollen, eingegeben werden. (Durch Tap-Taste oder durch Cursor-Tasten kann man von einem Feld zum anderen wechseln. Am Ende der Tabelle angelangt, genügt die return Taste, um wieder an den Anfang zurück zu kommen.)
Es sind nun somit die folgenden Daten einzugeben:

LiefNr	LiefName	Straße	PLZ	Ort	Telefon
52441	Europ-Papier	Aachener Str. 127	40223	Düsseldorf	0211/1525-0
47544	Müller & Söhne	Krefelder Str. 19	41748	Viersen	02162/336-0
28447	Sauer & Esser	Danziger Str. 33	48683	Ahaus	02561/77-0
65881	Metz & Co	Kantstr. 3	99425	Weimar	03643/66851
85547	Peter Paulsen	Lutzowstr. 33	09116	Chemnitz	0371/6955-0
48771	Zwinger GmbH	Leipziger Str. 35	01127	Dresden	0351/8574-0
88512	Xaver Seiler	Riedener Str. 157	81377	München	089-7274-0

Nachdem die Daten eingegeben wurden, kann man durch Strg + F4 die Tabelle wieder schließen und die eingegebenen Daten sind somit automatisch gespeichert und bedürfen nicht nochmals einer Speicherung oder Speicherbestätigung.

3. Erstellen eines Eingabeformulars mit dem Formular-assistenten zur Tabelle Lieferer

5. Im Datenbankfenster die Karteikarte Formulare anklicken.
6. Die Schaltfläche „Neu" auswählen,
7. im Fenster „Neues Formular" den Formular-Assistenten auswählen und die Tabelle Lieferer auswählen, anschließend mit „OK" bestätigen
8. Im folgenden sind nun alle Felder, bis auf das Feld ID (Primärschlüssel) auszuwählen, danach mit „Weiter" bestätigen und im nächsten Fenster das Layout „in Blöcken" auswählen, „Weiter" drücken und danach den „Standard" Stil auswählen, „Weiter" drücken und als Titel für das Formular „Eingabeformular Lieferer" eingeben, auf „Fertigstellen" klicken und warten, bis das Formular erstellt ist.

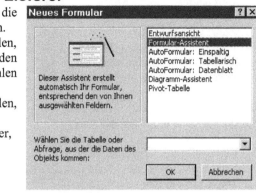

Das Endresultat dieses Formulars sieht dann wie folgt aus und hat den Vorteil, daß die Daten unter Umständen schneller eingegeben werden können. Auch hier gilt wieder, daß man problemlos mit der Tab-Taste oder den Cursor-Tasten die Felder wechseln kann. Jedoch sieht man immer nur einen Datensatz und nicht wie in der Tabelle alle vorhandenen.

4. Erstellen einer Auswahlabfrage

6. Im Datenbankfenster die Karteikarte „Abfragen" auswählen.

7. „Neu" anklicken und

8. im neu erscheinenden Fenster auf „Entwurfsansicht" wechseln und anschließend mit „OK" bestätigen

9. Es folgt das Fenster „Tabelle anzeigen" und hierbei sind in der Karteikarte Tabellen alle Tabellen der Datenbank aufgelistet. Daraus ist nun die **Tabelle Lieferer auszuwählen und auf „Hinzufügen" klicken.**

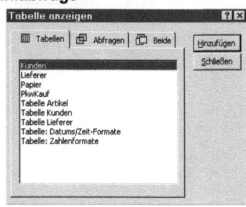

10. Im unteren Teil des Fensters befindet sich eine Auflistung von Feld, Tabelle, Sortierung, Anzeigen, Kriterien, oder.

Hier sind folgende Eingaben vorzunehmen:

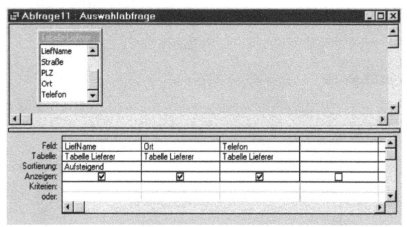

Anschließend diese Abfrage mit Strg + F4 beenden und unter dem Namen „Abfrage 1" speichern.

5. Auswahlabfrage mit variablem Suchobjekt

1. Auswahlabfrage erstellen
2. im Vereinbarungsteil folgende Eingaben vornehmen:

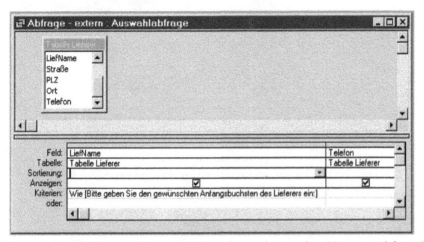

3. Danach diese Abfrage mit Strg + F4 beenden und unter dem Namen „Abfrage 2" speichern.

Um nun das Funktionieren dieser Abfrage zu prüfen, kann man sie im Datenbankfenster in der Karteikarte „Abfragen" durch markieren und return-drücken (oder durch Doppelklick) aufrufen.

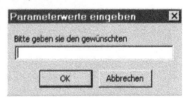

4. Nachdem sie aufgerufen wurde, erscheint das folgende Fenster:

In diesem Fenster kann der Benutzer nun alle möglichen Buchstaben eingeben und erhält dann die jeweiligen Ergebnisse auf seine selbst eingegebenen Bedingungen im Bezug auf den Lieferernamen.

6. Löschabfrage zur Tabelle Lieferer (PLZ)

1. Erstellen einer Auswahlabfrage
2. Durch Symbol für Abfragetypen in der Symbolleiste „Löschabfrage" auswählen
3. folgende Eintragungen in dem Vereinbarungsteil vornehmen:

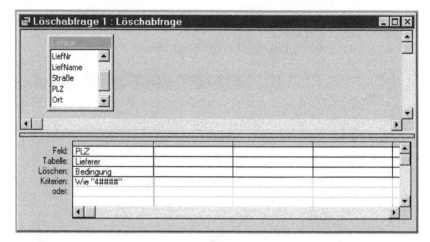

Durch Ausführen dieser Abfrage ergibt sich folgende bearbeitete Tabelle:

LiefNr	LiefName	Straße	PLZ	Ort	Telefon
65881	Metzt & Co	Kantstr. 3	99425	Weimar	0343/66851
85881	Peter Paulsen	Lutzowstr. 33	09116	Chemnitz	0371/6955-0
48771	Zwinger GmbH	Leipziger Str. 35	01127	Dresden	0351/8574-0
88512	Xaver Seiler	Riedener Str. 157	81377	München	089/7274-0

weitere Aufgaben zu ACCESS

Es ist eine sortierte Tabelle zu erstellen, die alle Kunden ausgibt, welche folgende Bedingungen erfüllen (Tabelle Kunden):

1. nur Zunahme, Wohnort und Geburtsdatum
2. Name „Müller"
3. Nachname beginnt mit „S"
4. Beliebiger Nachname
5. jünger als 25
6. Nationalität Deutsch
7. Nationalität Italienisch und älter als 30 Jahre
8. Nichtdeutsch
9. PLZ 75172 und Ausländer
10. Geburtsjahr 1970
11. PLZ zwischen 75100 und 75200
12. PLZ 76172 oder 75175
13. Nationalität Deutsch oder jünger als 20 Jahre

Es sollen folgende Werte ausgegeben werden (Tabelle PKW-Kauf)
14. Umsatz auf Basis des Listenpreises
15. Umsatz auf Basis des gezahlten Preises
16. Umsatz auf Basis des gezahlten Preises inklusive Mehrwertsteuer
17. den durchschnittlich gewährten Rabatt
18. den Gesamtbetrag der offenen Posten
19. den Gesamtbetrag der offenen Posten größer 15.000 DM
20. den durchschnittlichen Wert der offenen Posten
21. die Anzahl der offenen Posten
22. die Anzahl der offenen Posten größer 10.000 DM

Lösungen
Die folgenden Bildschirmausdrucke entsprechen jeweils immer einer Aufgabe.

Hinweis für den Leser:
Zur besseren Zuordnung der folgenden Lösungen zu den obigen Aufgaben enthält jede Titelzeile jedes Bildschirmausdrucks folgenden Text, der den Bezug zu den obigen Aufgaben herstellen soll:

Lösung zur Aufgabe ...

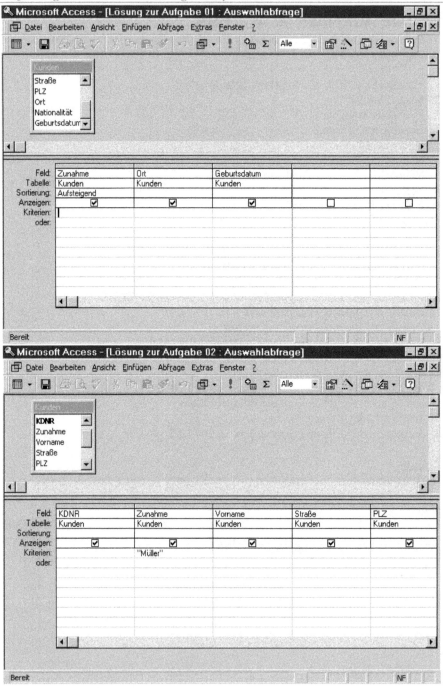

Microsoft Access - [Lösung zur Aufgabe 01 : Auswahlabfrage]

Datei Bearbeiten Ansicht Einfügen Abfrage Extras Fenster ?

Kunden
Straße
PLZ
Ort
Nationalität
Geburtsdatum

Feld:	Zunahme	Ort	Geburtsdatum		
Tabelle:	Kunden	Kunden	Kunden		
Sortierung:	Aufsteigend				
Anzeigen:	☑	☑	☑	☐	☐
Kriterien:					
oder:					

Bereit   NF

Microsoft Access - [Lösung zur Aufgabe 02 : Auswahlabfrage]

Datei Bearbeiten Ansicht Einfügen Abfrage Extras Fenster ?

Kunden
KDNR
Zunahme
Vorname
Straße
PLZ

Feld:	KDNR	Zunahme	Vorname	Straße	PLZ
Tabelle:	Kunden	Kunden	Kunden	Kunden	Kunden
Sortierung:					
Anzeigen:	☑	☑	☑	☑	☑
Kriterien:		"Müller"			
oder:					

Bereit   NF

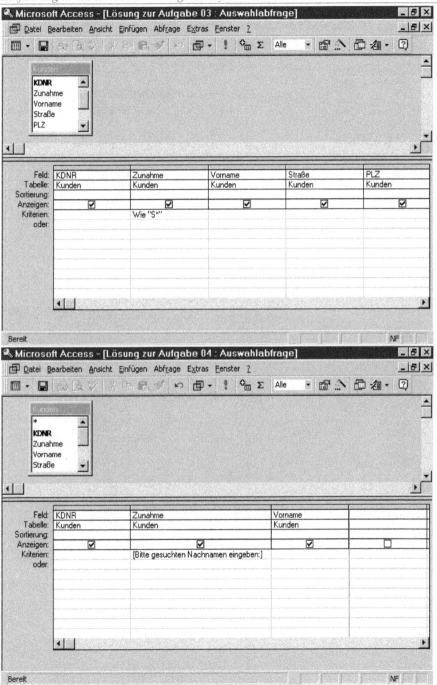

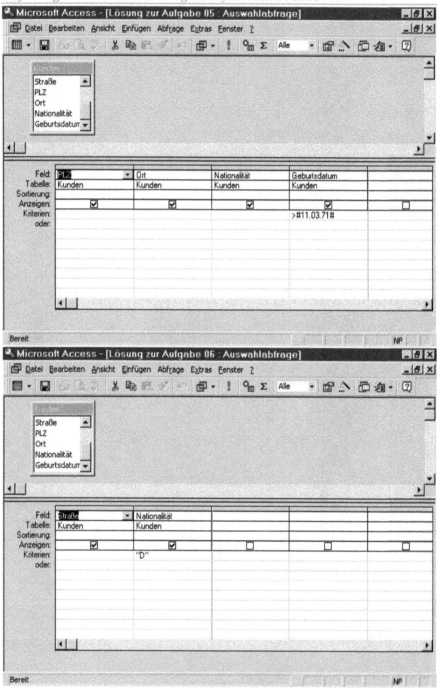

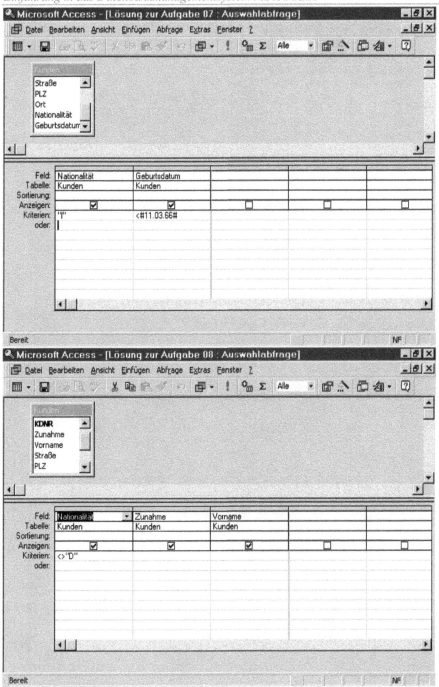

Einführung in das Datenbankmanagementsystem MS ACCESS

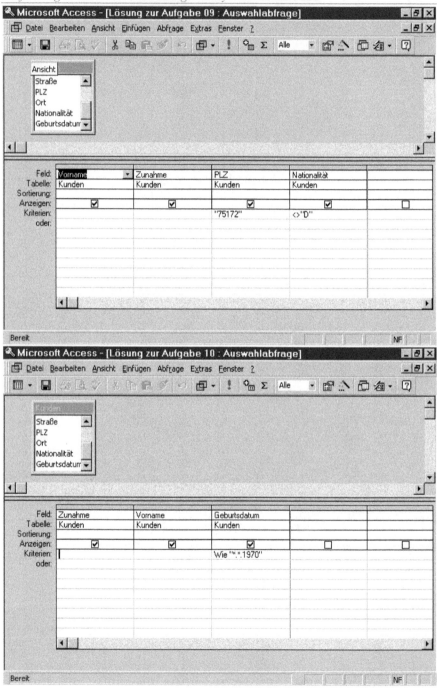

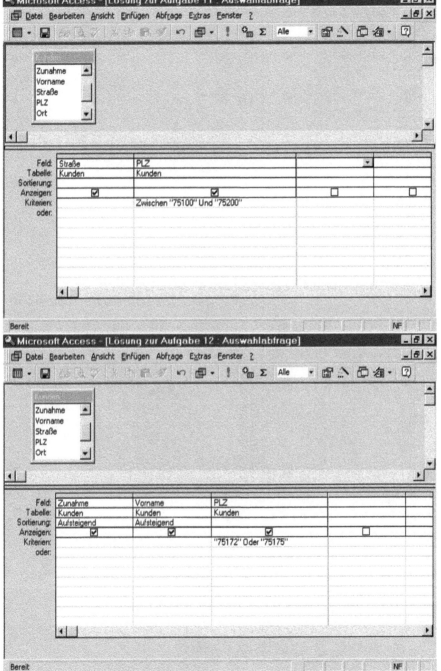

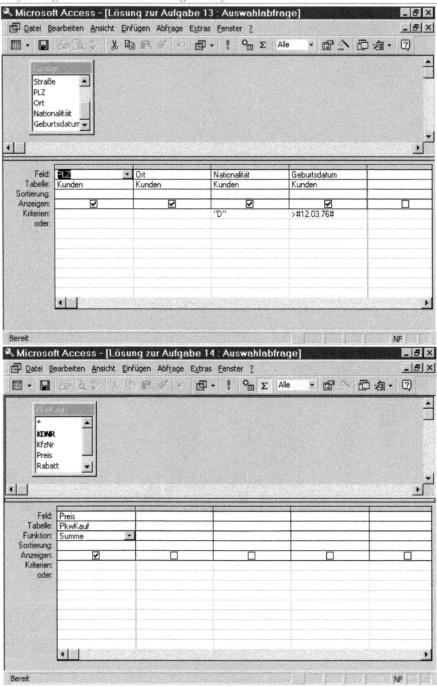

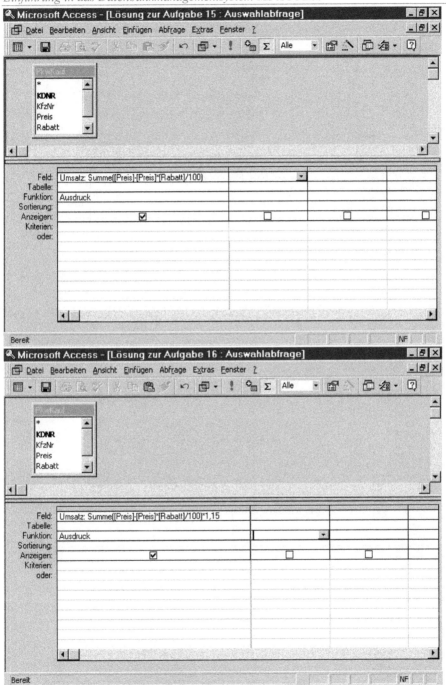

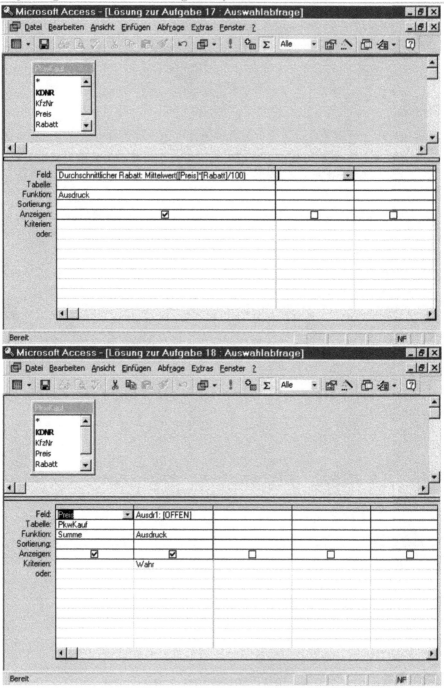

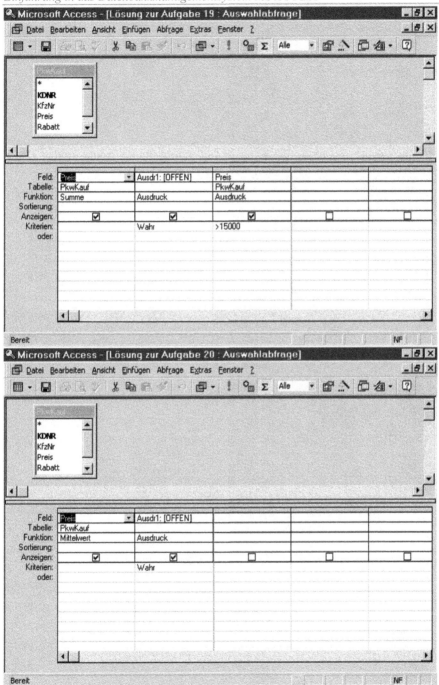

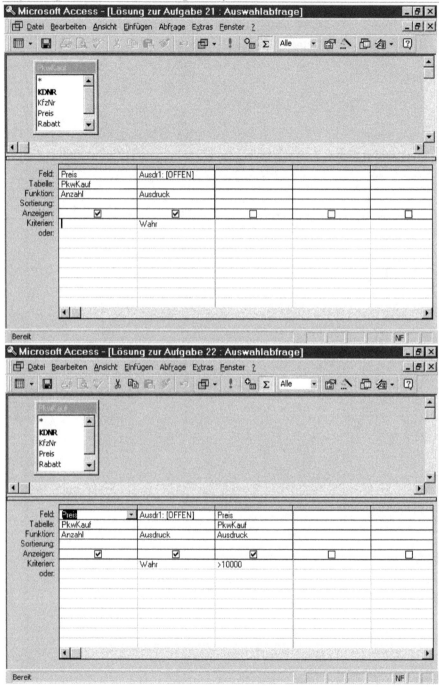